# Dinámica del medio

WALDO PÉREZ CINO

# Dinámica del medio

bokeh ✳

© Waldo Pérez Cino, 2016

© Fotografía de cubierta: W Pérez Cino, 2016

© Bokeh, 2016

   Leiden, NEDERLAND
   www.bokehpress.com


ISBN 978-94-91515-54-5

# Índice

Pórtico de los empeños............9

I.

La siega ...................................13
La balada del fuego y el arrojo ...14
El agrimensor........................ 15
Estraperlo............................. 16
Recámara del tránsito............. 17
Dilación de la obediencia ........ 18
Juicy Salif.............................. 19
Nana de los consejos .............20
Acuerdo tácito el del medio.....21

II.

Lo que condiga........................ 25
An Almond for a Parrat..........26
How hardly I leave
this commonplace .................27
None but barbers meddle
with the head ......................28
O eloquence...........................29
Aledaños de partida ...............30

III.

Noche de los cuerpos.............. 35
El embite................................36
Como si en el acto último .......37
Cien volando..........................38
Noche de la lluvia................... 39
Ahora escribo sombras............40
Sinopsis................................41

IV.

La humedad de las manos
a la nuca.................................. 45
La plaza de la balanza.............46
La fachada..............................47
Esbozo de la patria ................49
Pompeya, 1956 .......................50
Resabios ................................ 51
Los sonámbulos....................... 52
Piedra segunda ...................... 53
Las volutas ............................ 54
Penélope conversa su destino ....55
Coda...................................... 56
Ítaca......................................57

v.

La porfía ................................ 61

La grieta ................................. 62

Pabellones del reposo .............. 63

El trazo que debajo ................. 64

En las marismas ...................... 66

La heráldica ............................ 67

Del pasado a sabiendas ............ 68

De la constancia inútil ............ 69

Y siempre luego ...................... 70

vi.

A menos tiento ....................... 73

Los cuadernos negros ............. 74

El gran cisma ......................... 76

Del verano en Delft ................ 77

La estiba ................................ 78

Arte de la enmienda ............... 79

Ante la aduana ....................... 80

Delgada sombra ..................... 81

Las brazadas .......................... 82

vii.

Con qué cuerpo
el arúspice interroga .............. 85

Lago Constanza ..................... 86

Curva de lo propio ................ 87

el rostro en el reverso de un tapiz
que aparece un instante a contraluz.
O el timbre inolvidable de una voz.
Pero nunca el encuentro de los dos.

Severo Sarduy

## Pórtico de los empeños

Los utensilios de cocina, las herramientas
precisas con que esa llave desmonta aquel tinglado
o el horno se vuelve una repisa crematoria.

¡El horno, lo crudo y lo cocido! ¡Las rutinas
de los martes! ¡La obediencia
de la dieta y de la sauna y del tono muscular!
Las risas al teléfono, los aspavientos
al teléfono, las llamadas a destiempo, las claves
aceitadas de todo lo que arranca sin pensarlo
y el sinsentido de las órdenes que bueno
quién entiende: la sonrisa del que acata
el miedo o del que huye porque el miedo
asusta, del que acata y no cumple ni consigo,
del que cumple (la sonrisa ya simétrica)
la parsimonia de lo ajeno y no lo sabe,
la de quien a sabiendas se renuncia y pierde
hasta el último diezmo, el cuenco entero.

Pues todo eso será alabado, encomiásticos
los críticos que alaben y ensalcen y canten
para bien todo aquello: la precisión del relojero,
el teléfono correcto de quien tiene la respuesta
y la suma funcional de los lugares
donde te sabes a salvo y te sabes vulnerable
a la vulgaridad del espanto. Las dos cosas.

Encomiásticos estamos. A la vulgaridad soez
de lo que no tiene sitio pero entonces.

I.

## La siega

Fértiles, feraces, fementidas
filotimias a la hora del espejo, a la hora
del recreo tan paciente ante el espejo
o en el estanque de Narciso, breve azogue
que no muestra sino el rostro que no existe,
su relato a conveniencia
para solaz y esparcimiento de la nada.

El pedazo donde vive
la canción al otro lado, el lado obsceno
de las cosechas del trigo, los rituales
anuales del verano, la cabaña
oscura donde el bosque, lejos.

## La balada del fuego y el arrojo

Noche de palos secos, vuelta al día
menudo del origen, menudencias:
la cocción del resplandor o ya de alguna
cierta cosa secreta, la pócima
que deslumbra las palmas, las cegadas
por la prisa: las ollas
bocabajo de todo lo pretérito. Mírate:
parece que la ropa te bailara encima
—que concitara una procesión,
una ceremonia de arrepentimientos
para despojarte al cabo de tu nombre.

## El agrimensor

Noticias sumarias, breves
como líneas movedizas.

La noche en el santuario, la noche
en blanco sobre arenas movedizas.
El insomnio y todas esas rutas
que se borran del mapa poco a poco.
Ya no quedan mecenas, dice alguien
sosteniendo con las dos manos
el compás y la brújula. El plano
en blanco. Blanco de zinc, aguaceros
remotos sobre un tejado de pizarra
(sobre un techo oscuro de pizarra
que cubre el establo de las bestias)
pintado en el plano fijo donde acuden
los ángeles sin memoria de Weyler
a husmear hasta el alba como larvas.

## Estraperlo

Estilos del encanto, las maneras
tan sobrias en que los amantes se despiden
a la vuelta de otra noche. A la puerta
y al andén, las manos sobre el vidrio
los ojos sobre el vidrio en la antesala
(y la víspera el relato, el sueño
aún latiéndole en los cuerpos)
de la ausencia donde sólo se previenen
sobresaltos en su estilo idóneo: protocolo
incierto del futuro ante las horas
ante los días que desandarás a solas
rumiándolo en el tren, sumido ahora
en el momento sutil donde todo se despieza.

## Recámara del tránsito

Recámara del tuerto, soberano al medio
del ojo que le falta y del que tiene
al falso apremio de lo ajeno: nadie
que sostenga los espejos,
los Arnolfini de su rémora o su ausencia
presente en lo que toca al día
en la otra parcela —la de los ojos antepuestos
al presente donde parten en presente
las horas los que son, las sin espejo.
La zona breve y cegadora de la luz,
la noche del miedo a la flaqueza
y la cotidiana estampa de lo cierto:
lo propio en su estarse a propia sombra
y lo que se escabulle a lo que hay
en el tremor de la vergüenza, bajo el manto
extraño de la ira cuando torna a sus denuedos
incapaz de reconocerse en las pupilas
dilatadas y abiertas a la luz ya sin cortinas.

## Dilación de la obediencia

Lo que detiene al impulso es la demencia
obediente de la espera. Sólo la obediencia
escolta el orden
que coarta lo que es, al *nomos* de lo espúreo
que se alimenta de la deuda, del reflejo
que le brinda en sujeción su contenido.

Lo aúpa a sacrificio sólo su imposible
aguafiestas, a propia muerte la de siempre:
su reverso si es que nada de lo propio habita
el espejo que devuelve demorada
la imagen ajena que no eres: una ficción
permanente y a sabiendas de que nada
alcanzará su número redondo, su cifra
a sol abierto y entera por el todo: falta
de esa cuenta la existencia, el peso
preciso con que gravita lo que existe.

## Juicy Salif

Zumo de naranjas rojas, rojo casi negro
al corte del cuchillo. Matutino y sin ella,
matutino y con nieve. Tiniebla matutina
e inversa del recuerdo, de la memoria
perdida entre arces —hojas rojas como el jugo
que se escurre sobre el acero de la pieza:
bendición del buen diseño, de los objetos
amablemente atemporales. La serenidad
póstuma de las apuestas a seguro, lo que rueda
a su destino de memoria en los domingos
—a su destino cordial de pieza por sí misma,
de engranaje en el concierto de una vida.

## *Nana de los consejos*

Siéntate de una vez y sienta
la cabeza: los rituales no asisten a la nada,
no convocan materia de otro mundo
más en orden que éste. La ventana
parece la suma de todos los testigos,
el informe de cargo. No hay otro lugar
sino el tuyo, repetido. Limpia la casa,
acoteja tu rutina entre los rasgos
profanos del rostro que te es propio.
Y olvida lo demás, concéntrate
en los pasos que rondan tu paisaje,
los pasajes a la medida del que atisba.

## *Acuerdo tácito el del medio*

Acuerdo tácito el del medio, los oídos
a cubierto para no escuchar lo real,
para que lo real se desvanezca
en su silencio meridiano –y los ojos
ciegos, que cubra la bandana
todo lo que hay porque de verlo
asusta la evidencia. Y el vértigo: vértigo
de que tu vida sea la tuya. Y la estatura
que no se alcanza aun si sólo fuera
la tuya la que cuenta, la estatura
imaginaria de lo cierto y lo prestado.

II.

## Lo que condiga

Salvada cigenética, manuales de la caza
aherrojados a los siglos. Quién condice
el puntual aserto del tiempo, de aquel día
en herrojos de su hora. Lo que convenga
a su suerte, dijo Nashe, y se despojó de su armadura.
La suerte propia es la de nadie, hecha
la propia en el desvelo: esa la única
certeza cuando al menos ese nadie se construye.
Cetrería, manuales sobados para hallar
el escondite del zorro entre aplausos y desmayos.
La desnudez propia es la segunda, la sobrevenida
con el tiempo, al momento exacto de la vuelta.
No hay mayor desvelo que la lectura, el pasapáginas
de aquellos armónicos manuales de la caza:
todo danza el agua a su retórica, nada encaja
bajo el signo que debiera −cualquier frase
se pierde en la ligera manía del matiz, en sorda
pompa de boatos. Lo que convenga a la suerte,
lo que condiga la precisa tarde de aquel día si convino
a ella con su propio aherrojo, el punto exacto
anclado al acontecimiento y el olvido.

## An Almond for a Parrat

it was no sooner borne but I was
glad to runne from it

Thomas Nashe

¡El armisticio, que se concede del reino
para los convocados, a su suerte, timonel!
La tan antigua lotería de Maisles
en la procesión de Thomas Nashe
y en las primicias de un casino único
en toda la comarca –y a toda ciencia
comarcal, quién duda: el perdón
que nunca llegó a Tomis para Ovidio
ni a tiempo para nadie. El consuelo
de los arreglos y del enlosado
de piedra, el convidado y la novicia
emparedada en la muralla norte
entre finas, curiosas baldosas de Milano.
¡Al fin, ya por fin el armisticio! El paralelo
concertará las latitudes, los conundros
de su bucólica suerte: el reino,
la del reino y la llegada
de los perdones y la nieve, fantasías
–el pregón reza– agridulces del retorno
al abecedario en orden, a la calma lesa
y postrada del hogar, a la medida
exacta de sus preces: qué timbre aguijonea
tus pregones, aguador. Quién beberá
de tales aguas con los perros de la reina.

# How hardly I leave this commonplace

Las zonas y las hierbas, las zonas
donde no hayas visto nada —nada en Hiroshima,
*mon amour*. La hierba aquella escasa
y rala, reseca del plantío: no catástrofe
sino hábito, la naturaleza
perdida, la medio insomne en el hábito
(sonámbula). ¿Quiénes vinieron a por Thomas
la última tarde del banquete? Los viles,
los del agobio, los quemados y en herrojo
por la prisa insomne del hábito,
la del plantío a quemarropa. Ropavejeros
del Rhin o del Thámesis, de los ríos
congruentes con la geografía y la rutina
del hábito, mi amor: los de las sombras
de Tokyo en el verano, las más largas
que las más largas de Okinawa. Nadie
espera nada ahora sino el trueno, el hábito
del trueno y los desvelos. ¿Quiénes
apresaron a Thomas, a Thomas en la prisa?
Nadie, mi amor, nada, Thomas se esfumó
de Londres como si lo llevara el diablo
sin tiempo siquiera para lamentar la prisa
ni el redoble de los justos, ni las zonas
áridas del sur: el mar, la isla que separa
a los buenos de los ríos, a los peces
de la jauría hirsuta, risueña de las hienas.

## *None but barbers meddle with the head*

Austera, sucinta. El aviso de una cabeza
expuesta en una pica. Una pesadilla
donde los trenes se conjuran
por importunar la fuga: los raíles helados
que pasada la frontera ya no encajan
con los trenes del vecino. Como trazo
de patines sobre el hielo, la línea
imposible de prever antes del salto
atrevido a la pista, el cierre de una apuesta
tácita entre amigos. En derredor y delante
avecindados esos cuerpos todos en la prisa,
por la ansiedad del equilibrio. Las puertas.
Las puertas que acordonan ese establo
como si la gravedad tuviera sus ventanas,
los sitios previstos de la pausa y del asomo
y la estela de la cuchilla en los patines,
la línea del patinador sobre su sombra.

## O eloquence

Salir del sueño, levantarse a tiempo
del día del arribo, el del tránsito
en aquella estación de la frontera,
entre la del lenguaje y aquella de la afasia.
El misterio no es sólo el de tu nombre
—no es siquiera el de los nombres,
el del Crátilo. Lo que zanja
la duermevela es el misterio, el lugar
recurrente del olvido y la memoria.
La mañana, entonces. Una tormenta de polen
enfrente de los arribaderos de Breda,
en los espigones del puerto de las dudas:
las mareas donde habla
en su alta elocuencia la palabra
y los sentidos que el sueño desvanece,
que arrebata
cruzando aquellos puentes, esa sombra.

## Aledaños de partida

Avíos de otra sombra, la negra del dolor
−ceguera sorda y algo gritona, quejumbrosa.
Blasones del iris, diapasón espeso del azul
derramado en mil matices. Charcos secándose
−que es lo que hace charco al charco, la medida
provisional de su nombre, de su paso
así fugaz que sólo huella transido por lo real.

Pero una avenida, en fin, de sombras,
de alimento para cuervos. Un sendero
que nadie hubiera querido transitar. Los pasos
(los pasos y los pasos y los pasos: su tic tac
cronómetro) hacia el abismo en un tiempo
imposible o remoto o tardío, bailando un círculo
abismado en un bucle interminable, su espiral
entre la caída y el principio. Adámicas
son las bestias, la reacción refleja del animal.
Lo demás es olvido y memoria y cálculos
sobre la medida del presente, más bien su área
que su tiempo propicio. Charcos. Escenarios.
Aledaños de partida, postrimería de lindes.

Charcos en fin de la sombra del deseo, pátina
aceitosa del reflejo. Saludos cordiales del ánimo
perdido: nadie si la sombra no se fija, se exorciza
como una cabaña donde se cometió adulterio
o algún rito pagano de estaciones, de solsticios:

el sol más largo quemándoles la sombra,
relamiéndoles la pátina en lo que seca un día.

III.

## Noche de los cuerpos

Noche de los cuerpos. Entretinieblas
del ánimo dormido, de aquel ánimo
perdido o en letargo que remonta
su presencia sobre la noche dividida
de la carne, ahí donde resuelven breves
los apetitos del pasado su mentira.

## El embite

Severos tocones de cara aislada, figurines
cercenados en las anillas de los troncos.

Las raídas figuras de antaño no hacen bien
ni cuentan ni comen fruta, mi querida poeta:
el bosque también puede ser un escenario
en las historias de miedo, en las pesadillas
donde el grito se carcome adentro en la garganta.
¿Ves los troncos? Míralo bien ¿ves todo aquel
pasado ya sin savia? Las criaturas pequeñas
roen ahora lo que pueden, viven a escondidas
su vida de los búhos. Los banderilleros
se acercan a ese estanque a cada tanto, entrenan
sumisos a las potras que en el ruedo
van a morir con ellos la misma aguada fiesta
ritual del dolor y del aplauso. Del éxito
de las orejas cortadas y del vino y de la chusma
que desganada vitorea a su ídolo, el embite
del animal ya condenado, la última estocada.

## Como si en el acto último

De noche siempre es otra cosa todo. De noche
la sobrevida urge como un destino que se espanta,
un escalofrío pegado al cuerpo y a la velocidad,
a los pasos en volandas, el gesto de quien no mira
sino sólo atisba a sus costados, de la sopa
en la mesa de la aldea y las palabras
mentidas en voz alta, las palabras del sosiego
o las del condenado a muerte que condena
consigo y a menos muerte a las cortinas
y a las marmitas que aún humean, que condena
a la mujer que vierte el caldo con la mano
temblorosa atravesando ella su noche
a los insectos que se empotran en las velas
como si en el acto último salvaran la batalla.

## Cien volando

Nada que hacerle, escaso o poco
su margen de alabanza en ésa
su mentira tan veraz, tanto de cuajo
de raíz en lo que arranca y superpone.
En lo que falta y vibra, en el zumbido
de lo que cae cuando cae, se despeña
libre ya en barrena: sin asuetos
ni alicientes o remedio, sin sorpresas.

Noche de los cuerpos, dices,
la del pálpito transido
por la duda que arriesgan, su marchamo.
Pálpito del margen, del cielo
remoto de los pájaros, una vista
del mundo que despoja
sobre cualquier astro su medida
y en cualquiera su último esqueleto.

## Noche de la lluvia

Más de un rato tomó hacernos a lo oscuro
acomodar los ojos y las yemas
de los dedos a la playa negra. A la marea
sin cuartel de la playa a ciegas. Al misterio
cuyo sentido se pierde como arena
entre las yemas de los dedos. Y avanzamos
a tientas y a desgana, a contrapelo
hacia un lugar extraño, no ajeno sino extraño
que recuerdo poco y a fin de cuentas era poco
lo que de él podría decirse: la mención
si acaso de lo sacro, su liturgia sin que nada
lo afianzara a las palabras de este mundo.

El sitio umbrío de la ventura y de lo oscuro
(aquel sitio que no ajeno sino extraño)
desdoblándose mil veces bajo el agua,
cayendo como la noche entre la noche
en esa noche de la lluvia, la noche que no cabe
contarse ni cupiera entre las otras dicha.

## Ahora escribo sombras

Ahora escribo sombras, las fugaces
retenidas en lo que las contiene de palabra
—de dientes hacia afuera, las precisas
sombras de la urdimbre y la retórica
del sueño. Las retóricas del concierto
y de la luz, poeta, las de todo eso
que dijiste las del hábil: un sesgo
quizá entreabierto a las voces del misterio
y que no cambia nada, que no aviva
por nombrarlos los rescoldos de lo ido.
O acaso sólo velado, subterráneo
en el misterio del nombre, de la pátina
con que se cubre el corazón tibio del duelo.

# Sinopsis

Me tenían tres pausas, imponían
allí tres pausas a mi vida. Estaba escrito
o trazado en alguna parte sobre arena.

El relato esquivo, la sinopsis
del cuento que todavía no consigo
entresacar del sueño,
tender el puente donde estiben
su fardo las palabras, su relato
al fin del viaje desmedido,
el cruce entre la página y adentro.

IV.

## La humedad de las manos a la nuca

Un junco doblado por el viento: la veleta
lábil de la atención, arremangado
hasta el suelo por la prisa. La prisa
y su doble la presciencia, medio hermanas
de siempre del asombro. Así transcurren
los días del pusilánime. Indolencia
de cuál índole o por dónde: las piruetas
de las frases en el pozo de los pobres,
amarradas a la cuerda que descuelga
—poco a poco, con cuidados y visajes—
el balde de madera, cucharones
del agua que se bebe entre las palmas,
y que siempre se escurre por el cuenco
de las manos como un recordatorio
del trabajo tardío, de los días parecidos
a otros que se parecen al pasado
—al tiempo que construyen los rituales,
la demora a sabiendas de la espera:
la humedad de las manos a la nuca
tras beber de prisa mientras ella escancie
el agua como sopa, el otoño como nunca
y aquellas tardes con promesa idéntica
a la de ayer, si lo que es mañana se verá.

## La plaza de la balanza

*Incipit* el del medio, curso a ciegas
del hábito y el desdén. De los rumores
en torno al campo, a los proyectos
de fuga irrealizables. Silencios en la zona
gris de los partidos entre rejas,
de las partidas con las piezas
inamovibles de un ajedrez de piedra
anclado en el pasado, al centro
del fondo del pozo ciego, la cisterna
donde acarrean su agua los reclusos.

Desempeños del hábito: la denegación
postrimera de cualquier cosa que se viva.
Las preces inamovibles de la muerte
sobre un tablero donde siempre salen tablas.

# La fachada

Nuestra señora de las trufas, la que cabalga
una cerda blanca, la amante de las noches
de verano: una retahíla de epítetos prestados
que velan y desvelan los insomnios
del libro de los días, la insomne fugitiva.
¡Y se queda tan ancho! La deidad, la diosa
blanca y la sacerdotisa, todo todo aquello
¿cómo es que se nombra, como hizo
Graves en Deiá, como el incesto
que no viene a cuento, el sin decir abalanzado
de Graves, como aquello con lo que no hay
nada que hacer sino su exilio? ¿Ah, no?
Pues dime cómo. Déjala, que salga de su boca
cómo es que se dice el manto blanco
de la sacerdotisa sobre la piel que sólo puede
volverse otra, otra que ya no si se traslada
al mundo de las palabras consentidas,
al mundo vertiginoso de las tardes y los días
y las noches sin ausencia sino ciertas:
la musa breve sin la sombra de su muerte.


2.
O poniéndolo al viento, como un libro
puesto a secar o las sábanas de anoche
—las sábanas con manchas, humedades
que no se van en el balcón. Las palabras
que no ruborizan al decirlas, su impudor.

3.
Las de todos los días. Y en cambio, mira
esa banderola blanca en el santuario
de las fachadas domésticas, la risa simple
de aquella mujer con el cesto de la ropa
limpia a la cadera y una pinza entre los labios,
una sonrisa napolitana y misteriosa, alejandrina
o habanera entre los labios, sin ventrílocuo,
sin muerte que arrebate lo que es propio
repetida en el gesto por los siglos de los siglos.

## Esbozo de la patria

Enclave o caserío, un claro de casas
en medio de la nada: un coágulo
de nombres de familia, propiedades
más o menos vetustas, las cosechas
y el pozo de siempre, el de toda la vida,
el hoyo donde ofician preces los domingos
los niños que heredarán sus atributos:
la templanza, la constancia, la dulce
vaguedad del círculo y del balde de madera
que a veces recoge la fortuna, a veces
piedra o algas, peces ciegos del abismo,
los amuletos que el párroco bendice
limpiándoles el limo, descamándoles
el lomo hasta la carne, su médula tardía.

## Pompeya, 1956

Nadie nos dijo cómo se llamaba
la mujer de la túnica rasgada. Los nombres
aunque lo parezcan no resuelven el misterio.
Un nombre no resuelve nada, dijo el guía:
oculta únicamente lo que es dado, resta
su dolor a lo que es breve, y poco es breve
cuando transcurre a su destiempo, póstumo.
La inglesa de las fotos sonrió, dijo que a ella
los fantasmas la protegían desde niña
y enseguida cerró el pico y más nadie dijo
nada ni falta que hizo para que la brisa
de la mañana se quedara congelada. La brisa
y la bruma, las antiguas amigas del misterio.
Tampoco sé de qué se sostenía, qué conspiración
aliviaba su retiro en las laderas del Vesubio.
La vimos una o dos veces más, perdiéndose
entre la niebla, en un recodo seco
de lava, desaparecer como quien se sintiera
de más en este mundo. Como quien disculpa
de su presencia a un antiguo amante
cuya vida no hace sino prolongar la propia
al reposarla como un poso en lo vicario.

## Resabios

Que no sabías cómo, dices, que cómo
es que se hace lo que sin hacer no sabes,
la tartaja
previa del miedo y los remiendos.
Y que el tono y la medida, y la paciencia
hecha jirones como un trapo
de oración, una banderola tibetana
en alguna parte que no es suya:
un adorno, simulacro vano del principio.
Que las tardes perdidas, y la vida
(la que no merezco o te mereces).
Todo eso, dices. Y por una vez es cierto.
Y que acudirán las horas, que de nuevo
los siglos que se acaban (aun sin término)
–las  partidas imprecisas, los arribos
una sombra prestada ante la puerta
donde se camuflan en promesa los adioses.

## Los sonámbulos

Poblado de santos, poblado de los espacios
donde el émbolo gravita. El joven Broch
padecía la mala suerte, llegaba (así leo, ligero
sobresalto) con algo de retraso a todas partes.

La vida es lo que se habita en una casa,
la cercanía natural de los objetos
avecindados por lo propio. La mala suerte
(un poblado de silencios y de sótanos
a cubierto de palabras: los refugios
de la vergüenza o del éxtasis, de los ángeles
urgidos a la puerta de Lot, los precisados
por la bondad del sacrificio) se padece
—leo de nuevo—: La mala suerte
se padece, no se criba ni se actúa
y he ahí al buen Hermann, despreocupado
de sí (dice otro más) como quien no atiende
a buen tiempo un dolor, una molestia
coyuntural en el estómago. Caminaba
(dice Canetti) de un sitio a otro, urgido
siempre por la prisa: transitaba de una persona
a otra como quien caminara de una fuga
a la siguiente, como si la única certeza
fuera la del tiempo fugitivo. La vida
—barrunta una sombra, un aparecido fugaz—
es lo que se habita de una casa, los espacios
o las maneras que cunden en su estilo
y se extrañan de antemano la víspera del viaje.

## Piedra segunda

Y dónde es que prefieres escribir —dime—
en qué cuaderno o en qué plaza,
sobre qué papel o qué remedio. Sólo ésa
ahora la única ventura,
la sombra que cobija. Piensa en eso, dijo.

Pienso en eso —y no sé si me escuchaba—
a ciegas todas las mañanas, me devuelvo
a ese espejo tras la huella
de lo que fue nítido en el sueño. Lo pienso
y cuando acabo de pensarlo, cuando empiezo
me regreso al sueño, a la certeza
de lo que no precisa otra forma que la suya.

Si eres vulnerable te harán daño, dijo. Sálvate
de una buena vez de la pregunta equivocada,
de la respuesta exacta y pertinente
a la pregunta equivocada. Los oráculos
responden en espejo, tras el azogue del miedo.
En el enigma, en la incertidumbre de una buena
frase, de un escalofrío preciso en el reproche.
Escribir te va a salvar, créeme. Escribir —la huella
que tal vez ni siquiera te interesa, la marca
sobre el barro del mundo, aquella pátina
del barro aun cuando debajo siga incólume.

## Las volutas


Dulzona dejadez de avistamiento,
de entrevistos (nadie asoma
la cabeza en estos casos: calma
tan caliente del desierto, del páramo).

Cuando veníamos de tardes al mercado
agotábamos toda la ruta haciendo planes:
tus libros y mi vida, el orden que venía
para quedarse en la tuya, los asuetos
a destajo de los días, de la sombra
nocturna que acompaña a los mortales.
No veníamos para nada, no alcanzábamos
a dibujarle reposo a aquella estría.
Porque eso era, aquello aparentaba:
una estría, la marca de un ensanchamiento
imprevisto de la sombra, del tiempo
en la reminiscencia al cabo de la vuelta,
su espiral
entre las volutas que tu mano aparecía.

Créeme: Nadie alcanza una estancia parecida
un lugar tan alto como el del equilibrista.

*Penélope conversa su destino*


Aliviándote de ti: suspensiones en la muerte,
consuelo perenne y diferido del momento
en su mentira consentida, la ilusión de si lo hice
todo o lo hice bien, si lo intenté. Y las certezas
remotas allá lejos y aún brillando en la llovizna,
hozando todavía sobre el barro. Todo hundido
y aún con brillo: como el tornasol fugaz,
el encuentro que hace tan grato el lodazal
de la cochiquera de Eumeo el porquerizo
–el primer reconocido, el hombre de los puercos:
el cadáver que no estaba en la fiesta del banquete,
en la fiesta del arco de Eúrito, la mirilla de Odiseo
porque fue de siempre cadáver al principio.

## Coda

Cuando lo pienso veo tu boca, dije: labios
rumiando siempre a solas las preguntas
que aún te valga hacernos, las piezas
menudas del aún, temblando entre esa vida
como si algo distinto, como si hubiera
aun en el sueño algo más preciso, un trazo
resuelto y disponible, algo más palpable.

## *Ítaca*

La noche a cuestas, la ristra de los títulos
que aún no alcanzan su lugar
en la estantería de las tardes, bajo la paz
de las tardes donde reposa
la mirada la suya: su paz propia.

A veces frente al espejo te habla
una voz que es un susurro que es un toque
quedo en el murmullo: un gesto
(casi un gesto) mudo de lo propio.

V.

## La porfía

La casa a cuestas, la casa tan inmóvil
como cualquier otro artilugio
frágil y pórtatil: algo que cuidar
y que traerse a sitios peligrosos,
a fiestas donde puede, bien que cabe
que no te quieran ni en pintura
(ni pintados, el uno para el otro).

Y el espejo y la noche. Aquel espejo
que parece gritar Regrésate ya de una vez
a tus jardines: Vuélvete a los predios
del miedo conocido y que ya sabes
conjurar tan bien si permaneces lejos.

## La grieta

Una grieta torcida donde el cuenco filtra
en los días espectrales, en la noche
la luz de aquella tarde cuando reventaba
en cuatro pedazos como pétalos, trueno
del suelo en la rabieta —da lo mismo—
de un fantasma o del miedo, ay, del miedo
—una caída casual entre el capricho
de unos niños tirando a cada lado
de las cartas sin respuesta antes de un viaje
de verano, y carpas ambulantes, la autopista
y la sonrisa mentida, esa sonrisa
de aquí no pasa nada, todo en orden.

Y el arte luego del arreglo, de la enmienda:
desasimientos, deshaceres, si deshecha
resina de coníferas, resina de las playas
de todas esas playas —de lo cósmico—
donde no habrás nunca puesto el pie,
nunca del todo —siempre el ruido, el trueno
quebrándose en pedazos de la máquina
del tiempo, la moledora de culpas, la tardía.

## Pabellones del reposo

Un diccionario tan escaso de palabras
que las únicas que cuentan son repaso
y alguna otra mención que poco importa
ahora de la noche previa: su promesa
para los días que median, si es que hay días
hasta la próxima o si hay otra, si el verano
no se ahoga entretanto a la intemperie
o bajo la máquina del miedo. El pasado
y la intemperie, los dos temas que recurren
entre la piel y la carne, a la sombra del deseo
y de los cuerpos conocidos. De los cuerpos
que acarrearán hasta la balanza de las almas
sonrientes los doctores y en halago
los ángeles y alaridos los diablitos: la multitud
por encargo del caso. Lo vacío pesa poco
aun si hace mella contra el fuego de la hoguera
—aun si algo crepita, todavía algo que resta
en el compás de la paciencia, en la simétrica
sonrisa de Escher: las plazas imposibles,
los pabellones abiertos del reposo y del suicida.

## El trazo que debajo

Una vida en alguna parte, acuérdate:
aquella otra distinta de la que por sentado
figuraba de antemano, la cifrada
en el mapa de los órdenes, la que se quedó
por siempre la incumplida. Ésa que debajo
de la que transcurre suman dos aun si se resta.

Dos: una y su resto. Una y su merma
en la que ninguna pero en cambio sigue allí,
sorda y debajo. Y las gaviotas: la gaviota
que acude una y otra vez al mismo sitio del olvido,
un sitio donde abalanzarse, el fuero sin nombre
que otra vez acude como el centro del poema
—un pájaro que parece de verdad. Que pareciera
atado a un presente sin desmedro ni rémora: glosa
de la sombra o la urdimbre de los días, del mástil
seguro desde donde Ulises contempla las sirenas.

2.
Matemáticas: dos por la que no fue, las cuentas
claras. Dos si bien se mira cuando asoma
a destiempo como los domingos o el perdón,
cosas menudas en el bolsillo de un abrigo:
esa vida como un fantasma sin reposo bajo el suelo,
entre las tardes felices. La larva que a los vivos
echa amarga en cara su perenne
estarse en otro sitio, su vida que es la única

sin merma: el trazo que recurre entre puntos
y entreseñas, las líneas perdidas que destraban
de nuevo la conversación, las que reposan
sordas bajo lo idéntico. Mudas —salvo en el consuelo
donde todo lo que no fue siempre se sustrae
en su cuota, su medida. Salvo en el consuelo en esa
tan paupérrima antesala, las arenas
siempre movedizas del adiós y lo que empieza.

## En las marismas

Bajo los tilos la noche, una mañana
que pareciera mediodía y no lo alcanza. Blanco
de plomo, lienzos envenenados
bajo la cámara secreta del mandato.

Y allá fuera el bosque y la noche,
siempre afuera tus jardines
secretos del recuerdo. Incluso el tramo
recorrido esta mañana es ya remoto
olvido, aguacero donde el vértigo
borró en barro la medida de las cosas:
vendaval del vértigo, turbión que nubla
las certezas que no mienten ni trasiegan
con los remedos habituales, los relatos
provisorios siempre del tránsito o el sueño
—porque el olvido es el silencio, es esa tumba
callada y sin nombre en las marismas—
que sólo se descoyuntan si hay palabras
o en el cuerpo abierto del olvido a secas
—las vueltas, el peso sordo del retumbo
cuando se lo arroja sin sus óleos a la fosa.

# La heráldica

Bronwyn, el horizonte es una casa:
(la imagen incendiada de una casa).

J. E. Cirlot

Resabios de lo innombrable: una estaca
cruzada por un clavo en el corazón
de los murciélagos, en el diafragma del orden
(su entrecortado aliento susurra cómo el caos
va y viene y se derrama de a poco entre las cosas).
Y el año nuevo y los ciclos de la vida,
las estaciones de una en fondo, sucesivas
como cabe esperar. Las cuatro estaciones
que se suceden como en el libro de horas
de la duquesa de Anjou. La heráldica,
la heráldica —acanto y oro—, los sigilos
cargados de un manotazo en el esfuerzo
de párpados abajo, porque sea más oscura
la noche y el sueño ya se cumpla, no demore.

## Del pasado a sabiendas

Su tantálico edredón de siete piernas,
sauna de los números. Ninguna alberca
donde quepan las horas de esa siesta:
más bien el corte, el césped fragante
segado por la prisa. Afuera en cambio
los tránsitos medidos: la tranquilidad,
la cabeza bajo tierra de un nervioso
rebaño de avestruces. La colada, canastas
de mimbre repletas de sus sábanas, la incierta
tonsura ritual de las partidas. El pasado
devuelto a su esqueleto, a su maleable
condición para el relato. A la oscura
materia de lo informe, sin palabras
que recubran los recuerdos, que apuntalen
la sombra de su rémora o lo salven
fijo en lo que era. Ahora sabes que el tiempo
va a correr pausado como suele: ya no hay horas
que no sean una muesca en la ventana,
un trazo perdido que ayude a la memoria
a inventarles un sentido o un sesgo, alguna
medida aun en curso donde encajen.

# De la constancia inútil

La ciega epifanía, el despecho ciego de lo cierto
cobrando sus deberes: más valdrá lo que menos
porque a su valor se le sumó lo que más, el monto
inabarcable de todas las renuncias –y he ahí toda
la ética, la carga sacrificial de los suicidios.
Una estiba, un contrapunto: más por menos
que ya por el sacrificio valdrá más. Y quién
decide la víctima, cuál rueda oscura la que elige
a quien lo vaya a perder todo para nada, para menos
de lo que hinfla el sacrificio como a un globo
de sangre o un intestino de oveja, superficie
ya manchada de vísceras o grasa
oronda como de animal en el establo, cebado
en muerte de tu belleza entera, el cargo inútil.

Lo irreparable es la desolación del sacrificio,
la rutinaria constancia de su fortuna inane.
Lo irreparable cunde cuando nada
se atiene a la medida del deseo. Cuando el tiempo
ya no significa otra cosa que la merma de los días,
la cuenta que cubre la distancia
entre la muesca del sentido y el vacío.

## *Y siempre luego*

Y luego las parcas del alborozo, las señoras
embozadas del desastre. Un jolgorio, también
−plusvalía anónima y sin dueño, concertadas
en mínimo conciliábulo, en la humareda
que disfrazan de nube o de silencio. Van
y vienen como en la noche, en la humedad
incierta de todo lo prestado. Cuchichean
como en la ya altísima madrugada del velorio
cuando los roles de mañana se reparten
al filo de toda despedida: quién reposa o quién
se ocupe mañana de los trámites, nombres
−los días y sus noches, los cuerpos de una vida−
en la baraja de quién se queda y quién se va.

VI.

## A menos tiento

Abajo o arriba, sótano o buhardilla,
reposa su orden lo no dicho: las maletas
gastadas por el peso de los viajes, los arcones
de madera y cuero que cruzaron
el Atlántico y volvieron más ligeros
en su peso exacto: la alquimia del estaño
hace milagros, aligera lo tardío
como en rebaja de abarrotes o de feria.

## Los cuadernos negros

Que dónde iba cuando no volvía o qué
me esperaba al otro lado (siempre
lo quería saber todo. De ahí las notas,
esos diarios de ávida caligrafía de mosca
danzante sobre papel pautado: los relatos
que solventaran todas las preguntas
como en juego de naipes entre humo).

¿Y qué fue de los cuadernos secretos?

Los relatos del vértigo y el sueño:
con la letra menuda –menuda y nerviosa–
de una mano que también habrá temblado
y padecido los rigores de este invierno
en la nostalgia de una vida menos árida
(articulaciones que adelantan la artritis,
declive en frío de toda caligrafía ulterior).

Y de las lámparas rotas, las inútiles. Los aperos
de labranza de otro tiempo –préstamos:
del que no llega y se sabe ya remoto–
y los baúles llenos de serrín, los camisones
de antaño, lo que fue el vestido
blanco para un baile ya perdido, los zapatos
para aquel baile descalza sobre el césped
hecho hilachas en memoria de otra vida
que ya no será la tuya hasta mañana

o hasta la próxima mentira a menos tiento,
la condena ya devuelta en los altares.

## El gran cisma

Pobres pausas pautadas por el pobre
ritmo de lo que acontece en torno,
la sustracción del dolor o de la duda.
Esa manera tan precisa para caldos
de domingo. Veteranías, veteranías:
ansiedades, las ventanas de un edificio
ajeno y las ventanas congeladas. La forma
inadvertida del vuelo, del mapa,
de las rutas donde todo se despieza
en agreste llanura sin presente
para recomponerse certero en el olvido.

## Del verano en Delft

Las pasiones. Dos manzanas atoradas
de una mordida, las calles que no vas
a poder recordar de aquel tiempo –¿qué
pasiones? ¿Qué calles?
El sonido de la lluvia y el olor
de la lluvia, un sonido y un olor
con la característica de sentirse únicamente
cuando empieza la lluvia o cuando acaba.
¿Qué lluvia? ¿Qué jardines? Algo parecido
al cansancio con que al término del día
se recogen sin prisa las cosas en la playa,
se sacuden
las ropas y la arena y se permite uno
las olas otra vez, seguir de nuevo
los pies de quien se marcha ya calzado.

## La estiba

La disposición de las palabras, el carboncillo
perpetuo de las frases en esbozo.

No era eso lo voluble, lo incierto, ni siquiera
lo tremendo del derroche. Sino las rodillas,
los codos, las porciones del cuerpo
tan flexible cuando quiere. Y qué bien
que lo sabíamos, y cuánta la fe y cuánto
empeño a este lado del río, la otra orilla,
los lugares frecuentes
donde lo que se resiente pareciera
ser sólo suerte de memoria, una promesa
de tiempo, del objetivo de una cámara
—numeritos en el lente, un cálculo
de presciencia, de memoria inversa,
de imagen movida como si no supiéramos
ninguno de los dos el equilibrio
ni la fuerza de los golpes: la estiba
que acompaña siempre a los mendaces.

## Arte de la enmienda

Trozos duros de resina, en el mercado
donde se compra –lejos de su sitio– todo:
importaciones, componendas, las rutas
figuradas de la seda y las coníferas
extrañas. El futuro. Las creencias de familia,
los rituales terrenales (el arreglo, el pacto)
de una vida normal. Las resinas de quién sabe
dónde y las aves de averigua, los remedios
chinos. El olor de la resina en la marmita
impregnada sobre el cobre, un barniz
que tardará en desaparecer, el veneno residual
que a cuentagotas se irá yendo a las comidas
e irá sustrayéndote al deseo. El cuenco
roto de tu vida, tanta paciencia para el arte
del arreglo y tanta constancia en la cocina
donde se cuece cada plato con venenos
cristalizados, con el ventarrón de aquel mínimo
desastre en torno a un tiesto roto, a una caída
casual e irreparable, los contornos de una vida
perdida que no es tuya y se deshace en nada.

## Ante la aduana

La rueca onfálica de la distancia

R Hernández Novás

El preámbulo inmóvil bajo el manto
que teje Penélope y desteje: las manos
sin nada que ofrecer. Las palmas sudorosas
cruzadas a la espalda y la memoria
perdida en el recuento de lo real
—en las amarras entre las palabras y lo real.

Y los pedales de la rueca cuando el hilo
de lana ya se acaba, rastro y resto
y pista, y cicatrices. Velas negras al retorno,
Ariadna. Ni el laberinto ni tu vida
se desbrozarán en la madeja de la ira,
en pedales furtivos o hilo suspendido.
No hay salvoconducto ni hay primicia
que allane trámites: nada, nada que procure
la sonrisa o la disculpa. Sola la presencia
y la frontera, quizá el vértigo. Nada
que anule lo que es tuyo. Y no, tampoco
nada que por ti declare lo que es propio
bajo la forma de lo real desde el principio.

## *Delgada sombra*

Delgada sombra del amor, consuelo
clavado en tierra, dosis blanca
y tibia del verano: el ánimo del rostro
y el aliento que no cejan hechos hielo
mas se escurren piel abajo ante la luz,
torrente entre la sangre y lo que late.

Más que sus afluentes siempre el río,
más que la cadencia con que el agua
pasa queda el río que devuelve sus azoros
a su medida heraclitana: el mismo frío
del invierno pasado, idéntica penumbra
húmeda en camino, el peso exacto
de las piedras en boca de los muertos.

## Las brazadas

Captación pugnaz de su horizonte,
la enseña
pugnaz de todo lo ya ido. Las palabras,
al mar y de nuevo las palabras
sucias de todo lo prestado, lo que curan
el agua salada y el áloe,
las buenas tardes
transcurridas en la arena de septiembre:
y qué sino tu nombre, qué sino destino
avizorado o consentido, esa costra
que se despega en la gaviota
por un instante sumergida, plata en pez
—el hambre franca
del picado y la repetición, su constancia
sin memoria, sin memoria, sin rémora.

VII.

## Con qué cuerpo el arúspice interroga

Con qué cuerpo el arúspice interroga
las vísceras de los pájaros, cuál el cuerpo
que trasiega su alta lontananza, la lejanía
habida a entremedias del humo y de los sueños.
Con qué cuerpo el arúspice
se acerca a la nuca de la amada, a la nuca
frágil de la amada. Nadie finge su demora,
nadie exige —nadie exento tampoco de su pálpito—
el fin ceremonial de los augurios, la firme
claridad del trazo conducido a propia mano.
Los pronósticos conducen a la nada,
al desvarío del cisma y la locura: la infinita
espera por la causa que no llega,
la ansiedad del vértigo perdido. Los asomos
de la penumbra sobre el cuerpo, y cuál
el del arúspice cuando acude a su llamado
—en la división de las penas y los panes, de los peces
del milagro siempre prometidos. Con qué mano
se sostiene la mano que ahonda entre las vísceras
del sacrificio a la sombra de su abrigo:
cuál alienta, qué lo que la mueve cuando aprieta
entre las suyas la otra aun si turbia, firme del misterio.

## Lago Constanza

Némesis del mar, tan concitada
paciencia a buen recaudo: sacrificio
y oración, la luz de la lectura
en diagonal sobre la mesa. El lago
como un espejo de lo inmóvil,
lontananzas que ni siquiera en horizonte
y las tardes de los días que se apuran
y el valor: sacrificio y palmas ofrecidas
hacia arriba por mor de la constancia,
citadella en apuros, *damsel in distress*.
Y el coágulo. La sangre que ya no surca
el rostro sobre el síndone, la detenida
en el tiempo exacto de la ausencia
y del transcurso y el delirio, el lienzo
que ya para la imagen cobija sólo aire.

## Curva de lo propio

Fragmentos a cuyo imán acuden
las virutas tenues de lo inerte. El imán
traza una parábola en el aire con lo propio,
un sesgo congruente. La congruencia
y el absurdo, los viejos padres necios
de toda ciencia –aun si de la ciencia
ciega del destino, aun si de la forma
y lo que a su centro alienta: lo que guía
esa curva que a lo uno restituya
los que ahora en su merma son fragmentos
sucesivos y distintos aun cuando persigan
en aquel contorno que trazan de evidencia
toda verdad de cuando acuden a lo suyo,
de ahora la propia curva que hace al vuelo.